DES

AFFAISSEMENTS DU SOL

PRODUITS PAR

L'EXPLOITATION HOUILLÈRE

MÉMOIRE

ADRESSÉ A

L'ADMINISTRATION COMMUNALE DE LIÉGE

PAR

GUSTAVE DUMONT,

INGÉNIEUR DES MINES

ATLAS

LIÉGE

IMPRIMERIE DE LÉON DE THIER, RUE DU POT-D'OR, 41

15 DÉCEMBRE 1871

DES

AFFAISSEMENTS DU SOL

PRODUITS PAR

L'EXPLOITATION HOUILLÈRE

MÉMOIRE

ADRESSÉ A

L'ADMINISTRATION COMMUNALE DE LIÉGE

PAR

GUSTAVE DUMONT,

INGÉNIEUR DES MINES

ATLAS

LIÉGE

IMPRIMERIE DE LÉON DE THIER, RUE DU POT-D'OR, 41

15 DÉCEMBRE 1871

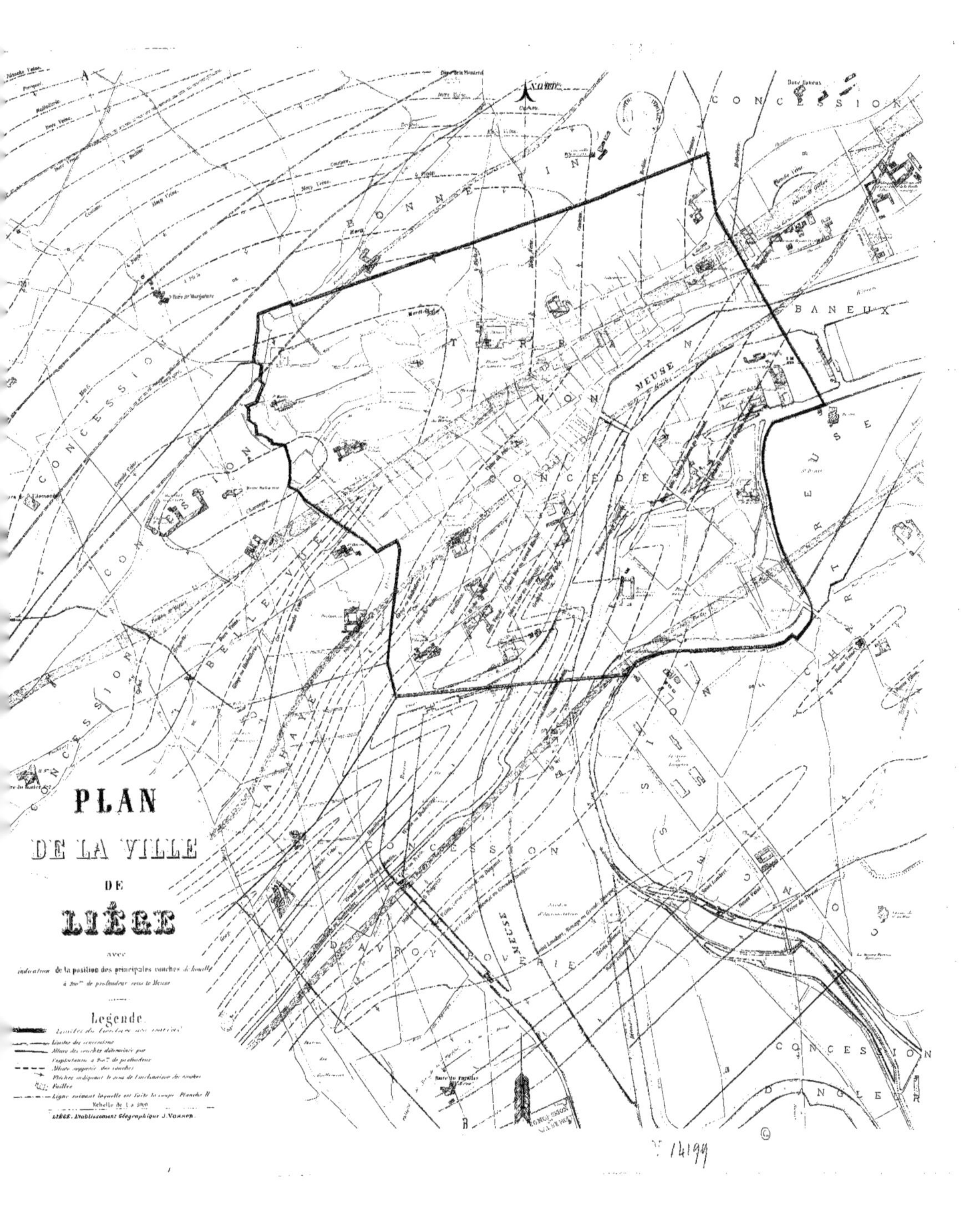
PLAN
DE LA VILLE
DE
LIÈGE
avec
indication de la position des principales couches de houille
à 200m de profondeur sous la Meuse
Legende
Limites du territoire non concédé
Limites des concessions
Allure des couches déterminée par
l'exploitation à 200m de profondeur
Allure supposée des couches
Flèches indiquant le sens de l'inclinaison des couches
Failles
Ligne suivant laquelle est faite la coupe Planche II
Echelle de 1 à 5000
LIÈGE. Etablissement Géographique J. Vorren.
Nord
A
B
CONCESSION
BONNE FIN
TERRAIN NON CONCÉDÉ
BANEUX
MEUSE
CONCESSION DE BELLEVUE
LA HAYE
CONCESSION D'AVROY BOVERIE
CONCESSION D'ANGLEUR
CHARTREUSE